KB010322

끝짱

컴퓨터 영재 만들기

씨엔씨에듀 R&D팀 저

Step 1

씨엔씨에듀

참 잘했어요

타자 연습표

단계		나는야 타자왕						
1단계	자리연습							
	낱말연습							
2단계	자리연습							
	낱말연습							
3단계	자리연습							
	낱말연습							
4단계	자리연습							
	낱말연습							
5단계	자리연습							
	낱말연습							
6단계	자리연습							
	낱말연습							
7단계	자리연습							
	낱말연습							
8단계	자리연습							
	낱말연습							
짧은글 연습								

차례

 **컴퓨터 익히기**

1 본체와 전원 단추 누르기와 모니터 전원 단추 누르기

전원 단추(컴퓨터마다 위치가 다릅니다)

본체의 전원 단추를 누르고 바탕 화면이 나올 때까지를
부팅이라고 해요.

2 바탕화면이 나올때까지 기다리기

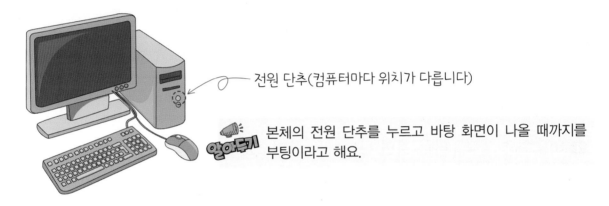

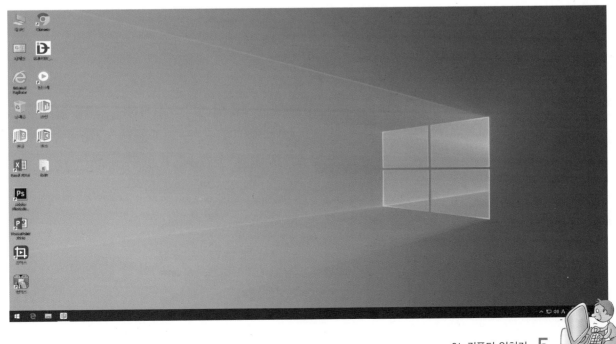

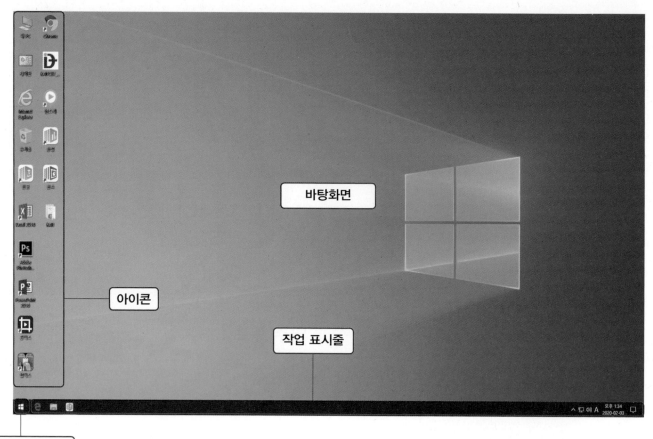

바탕화면

아이콘

작업 표시줄

시작 단추

❶ 바탕화면 : 컴퓨터를 켜면 나타나는 화면으로 윈도우 작업공간이에요.

❷ 시작 단추 : 프로그램을 실행하거나 컴퓨터를 끄는 작업을 할 수 있는 곳이에요.

❸ 작업 표시줄 : 현재 실행되고 있는 프로그램이나 창의 이름이 표시되는 곳이에요.

❹ 아이콘 : 프로그램이나 기능을 나타내는 작은 그림이에요.

용어 설명
- 로그인 : 컴퓨터를 사용할 때 사용자가 컴퓨터에 자신을 알리고 등록하는 작업을 말합니다.
- 로그오프 : 컴퓨터를 사용한 후 사용자가 사용을 끝내겠다는 것을 알리고 나오는 작업을 말합니다.

따라하기 02 컴퓨터 끄기

[시작] 단추를 누르고 [시스템 종료]를 선택해요. 컴퓨터를 바르게 켜고 꺼야 오래 사용할 수 있어요.

❶ 절전 : 작업을 빠르게 다시 시작할 수 있도록 사용자 세션을 메모리에 저장하고 컴퓨터를 절전상태로 전환해요.

❷ 시스템 종료 : 컴퓨터를 끌 수 있어요.

❸ 다시 시작 : 열려있는 프로그램을 모두 닫고 윈도우를 종료한 다음 윈도우를 다시 시작해요.

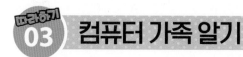

1 컴퓨터의 역할과 가족을 알아보아요.

❶ 모니터 : 글자나 그림을 보여주는 일을 해요 = 사람의 눈

❷ 본체 : 컴퓨터에서 가장 중요한 역할을 하며 기억을 하고 다른 장치에게 명령을 내려요 = 사람의 머리

❸ 키보드 : 컴퓨터에 글자를 입력해요 = 사람의 손

❹ 마우스 : 컴퓨터에 명령을 입력해요 = 사람의 손

❺ 헤드셋 : 컴퓨터에서 나는 소리를 들려줘요 = 사람의 귀

❻ 프린터 : 화면에서 보이는 결과를 종이로 출력해 줘요 = 사람의 입

2 컴퓨터 장치들의 하는 일 알아보기

(1) 입력하는 장치(키보드, 마우스)
- 키보드는 무엇을 입력하는 장치인가요?

_____

- 마우스는 언제 사용하는 장치인가요?

_____

(2) 저장하는 장치(본체, 시디롬, USB)
저장 장치 중에서 저장을 많이 하는 순서대로 이름을 적어보세요.

_____

(3) 출력하는 장치(프린터, 모니터, 스피커)
- 프린터는 무엇을 출력하는 장치인가요?

_____

- 모니터는 무엇을 출력하는 장치인가요?

_____

- 스피커는 무엇을 출력하는 장치인가요?

_____

01 아래 그림을 보고 컴퓨터 구성요소의 이름을 적어보세요.

  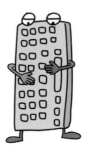 

02 내용을 읽고 올바른 행동에 "O"표, 잘못된 행동에는 "X"표를 하세요.

① 키보드가 잘 안 눌러져서 손바닥으로 탕탕 쳤어요. 〔   〕
② 컴퓨터가 고장난 것 같아서 선생님께 말씀 드렸어요. 〔   〕

03 컴퓨터 가족을 위치에 맞게 책상에 올려놓아 보세요.

 준비파일 1-1 준비.pptx    완성파일 1-1 완성.pptx

모니터   본체   마우스   키보드   프린터   헤드셋

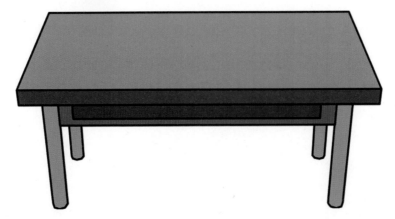

02 단원 마우스 익히기

❶ 클릭

❷ 더블클릭

❸ 드래그

❶ 클릭(선택) : 왼쪽 단추를 한번 눌러 선택할 수 있어요.

❷ 더블클릭(실행) : 왼쪽 단추를 빠르게 두 번 눌러 명령을 실행해요.

❸ 드래그(이동) : 왼쪽 단추를 누른 상태에서 끌어 그림이나 글자를 이동시킬 수 있어요.

 자주 쓰는 마우스포인터 익히기

일반 선택	↖	도움말 선택	↖?
백그라운드 작업	↖○	사용 중	○
정밀도 선택	+	텍스트 선택	I
사용할 수 없음	⊘	연결 선택	👆

1 바탕화면

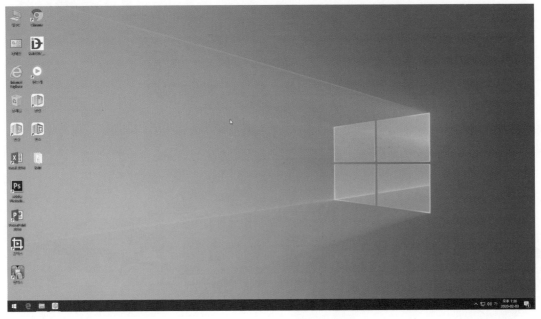

▲ 바탕화면 모습

2 윈도우 창

바탕화면의 [컴퓨터]를 더블클릭하면 나타나요.

▲ 윈도우 탐색기

3 창 다루기

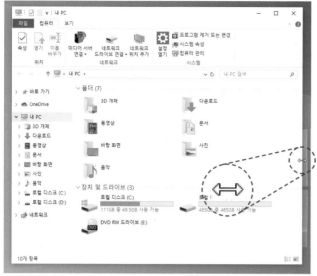

▲ 가로 크기조절

▲ 세로 크기조절

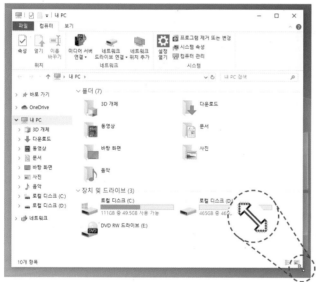

▲ 가로/세로 크기 조절

 마우스 포인터 모양
마우스 포인터를 창의 가장자리에 가져가면
⟺, ↕, ⤢ 으로 바뀝니다.

 창 위에 있는 단추

▬ [최소화 단추]	작업표시줄로 숨어요.
▢ [최대화 단추]	화면에 꽉차게 커져요.
▢ [이전 크기 단추]	원래 크기로 돌아가요.
✕ [닫기 단추]	창을 닫아요.

미션수행하기

01 아래 그림을 보고 창조절 단추의 이름을 적어보세요.

02 마우스의 그림과 명칭에 맞게 짝을 이어보세요.

📁 **준비파일** 2-1 준비.pptx　　📁 **완성파일** 2-1 완성.pptx

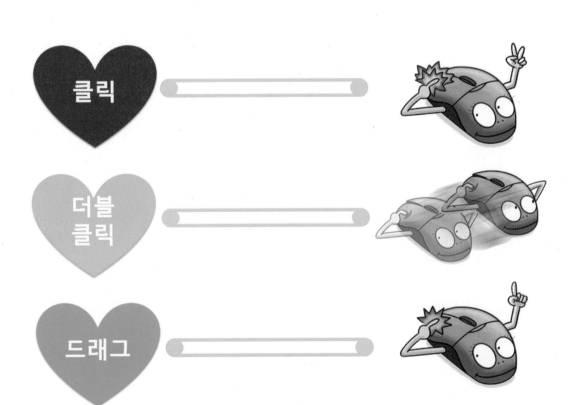

키보드 익히기

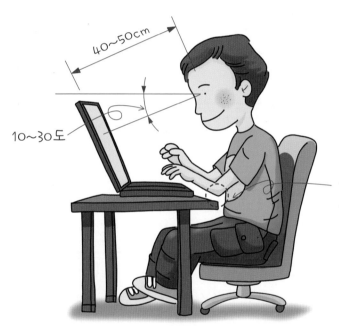

40~50cm

10~30도

팔꿈치 높이는 키보드보다 같거나 조금 아래로 합니다.

1. 모니터 화면은 눈높이보다 약간 15~30° 아래로 둡니다.

2. 눈과 모니터의 거리는 40~50cm 정도를 유지합니다.

3. 키보드와 마우스는 팔꿈치 높이와 같거나 낮게 놓습니다.

4. 두손의 엄지를 뺀 나머지 손가락은 자연스럽게 구부려 기준키 위에 올립니다.

5. 발은 편안히 바닥에 닿게 합니다.

6. 허리는 곧게 펴고 의자에 붙여 앉습니다.

7. 약 30분마다 10분씩 휴식을 취합니다.

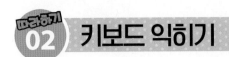

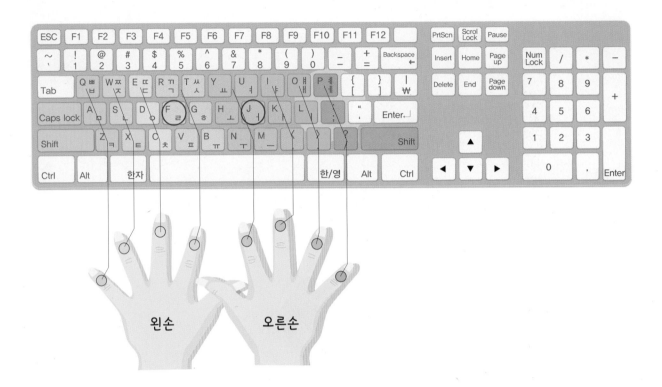

왼손　　　　오른손

☐ 칸에 알맞은 기본자리 글쇠를 적고 칸을 채워보세요.

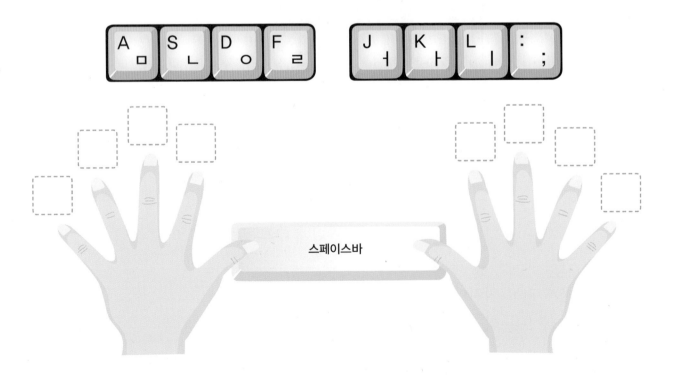

스페이스바

키보드를 칠 때는 왼손 검지를 'ㄹ'자에, 오른손 검지를 'ㅓ'자에 올려놓은 다음 나머지 손가락을 가지런하게 올려놓아요.

1 아래의 표에 빈칸을 채우고 타자연습을 해보세요.

자음키 \ 모음키	ㅓ	ㅏ	ㅣ
ㅁ	머		
ㄴ		나	
ㅇ			이
ㄹ	러		

2 아래의 낱말을 바르게 풀어서 자음과 모음으로 적어보세요.

미 리 → ☐ ☐ ☐ ☐

나 이 → ☐ ☐ ☐ ☐

이 마 → ☐ ☐ ☐ ☐

어 머 니 → ☐ ☐ ☐ ☐ ☐ ☐

☐ ☐ ☐ ☐ (나의 이름을 입력해 보세요.)

→ ☐ ☐ ☐ ☐ ☐ ☐ ☐ ☐ ☐ ☐

3 그림과 낱말을 보고, 소리내어 읽은 후 빈 칸에 옮겨 적고 타자연습을 해보세요.

① 너, 나 ➡ ☐, ☐

② 나라 ➡ ☐☐

③ 아이 ➡ ☐☐

④ 오이 ➡ ☐☐

⑤ 오리 ➡ ☐☐

⑥ 머리 ➡ ☐☐

⑦ 어머니 ➡ ☐☐☐

⑧ 미나리 ➡ ☐☐☐

키보드 키(KEY)의 명칭과 주요 역할을 알아보아요.

▲ 이에스씨
(작동을 취소하거나 종료시켜요)

▲ 시프트
(한글의 겹낱자나 영어의 대문자를 입력하거나 그림 등을 똑바로 이동시킬 수 있어요)

▲ 윈도우 로고
(다른 키와 함께 눌러 윈도우 시작 메뉴를 바로 실행하는 기능이 있어요)

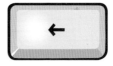

▲ 백스페이스
(누를 때마다 앞 글자가 지워져요)

▲ 탭
(문서에서 탭문자를 입력하거나 프로그램 대화상자에서 항목을 빠르게 이동할 수 있어요)

▲ 컨트롤
(선택, 복사, 붙여넣기 등에 주로 사용해요)

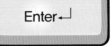

▲ 한자
(한글을 입력하고 이 키를 누르면 원하는 한자를 선택할 수 있어요)

▲ 엔터
(프로그램의 명령을 실행해요)

▲ 캡스락
(영어의 대/소문자를 전환해요)

▲ 알트
(다른 키와 함께 누르면 특별한 기능을 빠르게 수행해요)

▲ 한/영
(글자를 입력할 때 한글 또는 영문으로 변환해요)

▲ 스페이스
(문서를 입력할 때 빈 공백을 입력할 때 사용해요)

▲ 인서트
(삽입, 수정쓰기 기능으로 전환되요)

▲ 홈
(문서의 해당 줄 맨 앞이나 맨 처음으로 이동해요)

▲ 페이지 업
(문서가 길면 한 페이지씩 위로 이동시켜요)

▲ 넘버 락
(불이 켜지면 우측 숫자키로 불이 꺼지면 방향키로 전환할 수 있어요)

▲ 딜리트
(백스페이스처럼 지우는 역할을 해요)

▲ 엔드
(문서의 해당 줄 맨 뒤나 맨 나중으로 이동해요)

▲ 페이지 다운
(문서가 길면 한 페이지씩 아래로 이동시켜요)

▲ 스크롤 락
(마우스 휠 버튼과 같은 역할을 해요)

미션수행하기

01 키보드 키(Key)의 이름을 바르게 연결해 보세요.

ㄱ  ㉮ 시프트키

ㄴ  ㉯ 컨트롤키

ㄷ  ㉰ 엔터키

ㄹ  ㉱ 딜리트키

ㅁ  ㉲ 한/영키

02 모니터에 내 이름을 적어보세요.

 준비파일 3-1 준비.pptx    **완성파일** 3-1 완성.pptx

01 모니터에 나의 가족 이름을 적어보세요.

나의 가족
할아버지, 할머니,
아빠, 엄마, 나, 동생

02 나의 단짝 친구 이름을 적어보세요.

나의 친구
이은채, 이윤석, 정다윤,
홍연서, 남예준, 임다은

04 내 방 꾸미기
단원

 01 키보드 익히기

1 아래의 낱말을 바르게 풀어서 자음과 모음으로 적어보세요.

| 만 | 남 | → | | | | | | |

| 엄 | 마 | → | | | | | |

| 난 | 민 | → | | | | | | |

| 라 | 일 | 락 | → | | | | | | | |

| 난 | 장 | 이 | → | | | | | | | |

| 라 | 디 | 오 | → | | | | | | |

| 라 | 면 | → | | | | | |

2 그림과 낱말을 보고, 소리내어 읽은 후 빈 칸에 옮겨 적으세요.

① 　호 미 ➡ ☐ ☐

②  　아 빠 ➡ ☐ ☐

③ 　나 비 ➡ ☐ ☐

④ 　모 기 ➡ ☐ ☐

⑤ 　미 남 ➡ ☐ ☐

⑥  　친 구 ➡ ☐ ☐

⑦ 　어 린 이 ➡ ☐ ☐ ☐

⑧ 　무 지 개 ➡ ☐ ☐ ☐

온라인 그림이란 컴퓨터로 문서를 만들 때 편리하게 이용할 수 있도록 모아놓은 여러 가지 그림이예요. 온라인 그림을 넣는 방법에 대해 알아봅니다.

■ 온라인 그림 삽입하기

1 파워포인트를 실행하고 [삽입] 탭 – [이미지] 그룹에서 [온라인 그림]을 클릭합니다.

2 [온라인 그림] 대화상자에서 'Bing 이미지 검색'에 찾고자 하는 대상을 입력하고 [검색] 단추를 누르면 검색 대상에 입력한 그림을 찾아줍니다.

3 찾은 그림 중에서 원하는 그림을 삽입한 후, 크기를 조정해주면 됩니다.

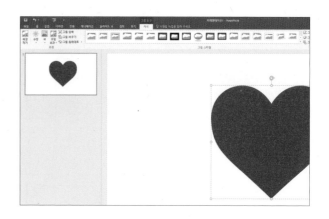

■ 온라인 그림 크기 변경하기

1 크기 변경하기(↔ 좌우, ↕ 상하, ↘ 대각선)

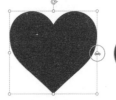  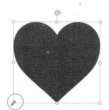

2 이동하기

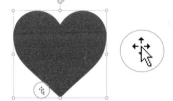

3 회전하기

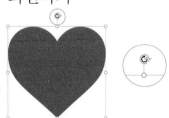

③ 온라인 그림의 배경색을 투명하게 만들기

1 흰색 배경을 투명하게 만들기 위해 온라인 그림을 선택하고, [그림 삽입] 대화상자에서 'Bing 이미지 검색'에 '스마일'을 입력하고 [검색] 단추를 클릭합니다. 그리고 배경이 있는 스마일 그림을 선택한 후, [삽입] 단추를 클릭합니다.

2 그림을 클릭한 후, [그림도구]-[서식]-[조정]그룹에서 [색]-[투명한 색 설정]을 선택합니다.

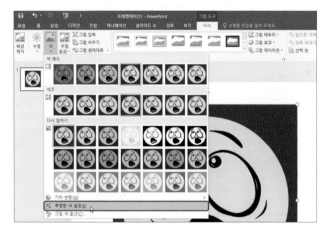

3 마우스 포인트 모양이 바뀌면 '스마일' 그림의 배경 부분을 클릭하면, 투명하게 된 것을 확인할 수 있습니다.

준비파일 4-1 준비.pptx   **완성파일** 4-1 완성.pptx

마우스 드래그를 이용하여 온라인 그림을 이동하고 크기를 변경하여 나만의 멋진방을 꾸며보세요.

준비파일 4-2 준비.pptx **완성파일** 4-2 완성.pptx

01 멋진방에 가족을 넣어주세요.

02 멋진방에 꽃과 나무를 넣어주세요.

05 단원 병아리 코디하기

1 아래의 낱말을 적어보고 컴퓨터로 타자연습을 해보세요.

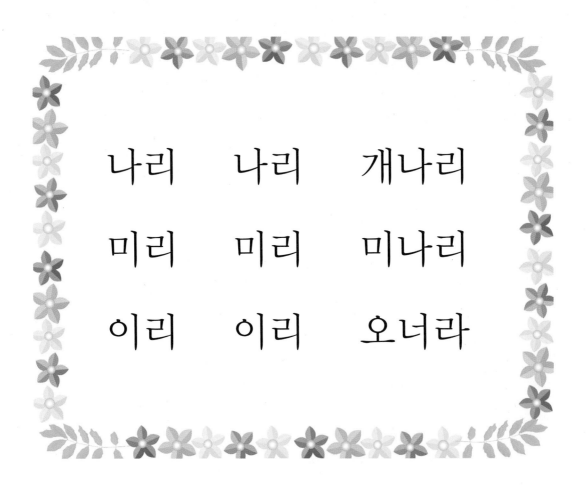

나리 나리 개나리

미리 미리 미나리

이리 이리 오너라

2 동물원에 갔을 때 보았던 동물들의 이름을 적어보세요.

① □ □

② □ □

③ □

④ □ □

⑤ □ □

⑥ □

⑦ □

⑧ □ □ □

⑨ □ □ □

준비파일 5-1 준비.pptx   완성파일 5-1 완성.pptx

마우스 드래그를 이용하여 온라인 그림을 이동하고 크기를 변경하여 병아리를 코디해 보세요.

📁 **준비파일** 5-2 준비.pptx 5-3 준비.pptx
📁 **완성파일** 5-2 완성.pptx 5-3 완성.pptx

다른 동물을 찾아서 삽입하고 코디해 보세요.

내가 가장 멋져

내가 가장 멋져

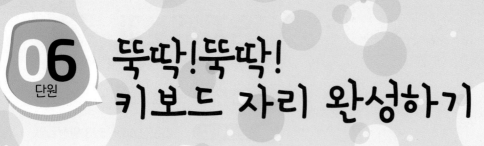

06 단원 뚝딱!뚝딱! 키보드 자리 완성하기

 01 키보드 익히기

1 ☐ 칸에 알맞은 왼손 윗줄과 오른손 윗줄의 글쇠를 적고 칸을 채워보세요.

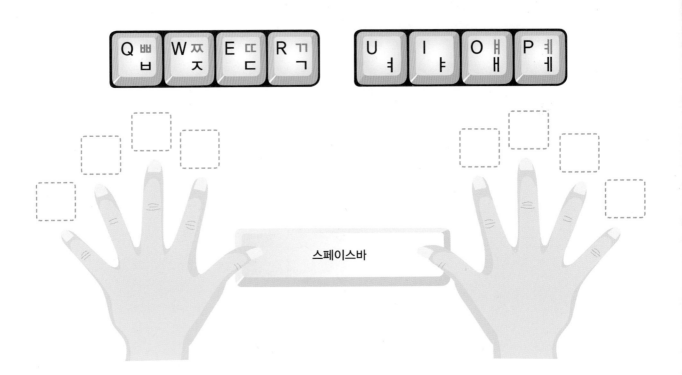

스페이스바

2 아래의 표에 빈칸을 채워보세요.

자음키 \ 모음키	ㅕ	ㅑ	ㅐ	ㅔ
ㅂ	벼		배	
ㅈ		쟈		
ㄷ	뎌			
ㄱ			개	

3 아래의 낱말을 바르게 풀어서 자음과 모음으로 적어보세요.

바 다 ➡ ☐ ☐ ☐ ☐

쟁 반 ➡ ☐ ☐ ☐ ☐ ☐ ☐

벽 돌 ➡ ☐ ☐ ☐ ☐ ☐ ☐

뱃 고 동 ➡ ☐ ☐ ☐ ☐ ☐ ☐ ☐ ☐

장 난 감 ➡ ☐ ☐ ☐ ☐ ☐ ☐ ☐ ☐

다 람 쥐 ➡ ☐ ☐ ☐ ☐ ☐ ☐ ☐

빗 자 루 ➡ ☐ ☐ ☐ ☐ ☐ ☐ ☐

4 그림과 낱말을 보고, 소리내어 읽은 후 빈 칸에 옮겨 적으세요.

① 배 ➡ ☐

②  바 지 ➡ ☐ ☐

③  여 자 ➡ ☐ ☐

④ 여 우 ➡ ☐ ☐

⑤ 나 비 ➡ ☐ ☐

⑥  거 미 ➡ ☐ ☐

⑦ 개 나 리 ➡ ☐ ☐ ☐

⑧ 바 가 지 ➡ ☐ ☐ ☐

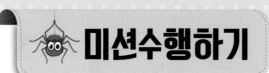

 준비파일 6-1 준비.pptx   완성파일 6-1 완성.pptx

마우스 드래그를 이용하여 키보드 조각을 이동하여 키보드를 완성해 보세요.

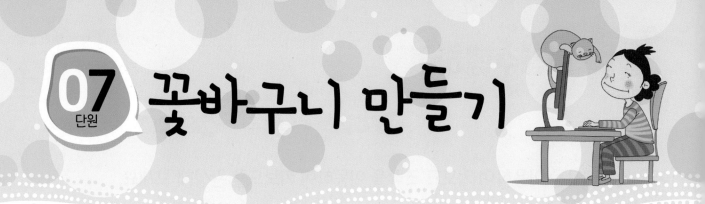

07 단원 꽃바구니 만들기

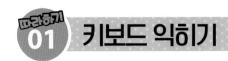

키보드 익히기

1 아래의 낱말을 바르게 풀어서 자음과 모음으로 적어보세요.

장 미 ➡ ☐☐☐☐☐

백 합 ➡ ☐☐☐☐☐

해 바 라 기 ➡ ☐☐☐☐☐☐☐☐

★ 내가 아는 꽃 이름을 적어주세요(빈 칸을 다 채우지 않아도 좋아요)

☐☐☐☐

➡ ☐☐☐☐☐☐☐☐☐☐☐

☐☐☐

➡ ☐☐☐☐☐☐☐☐☐☐☐

2 그림과 낱말을 보고, 소리내어 읽은 후 빈 칸에 옮겨 적으세요.

①    비 ➡ ☐

②    날 씨 ➡ ☐ ☐

③    햇 님 ➡ ☐ ☐

④    장 화 ➡ ☐ ☐

⑤    비 옷 ➡ ☐ ☐

⑥    우 산 ➡ ☐ ☐

⑦    지 렁 이 ➡ ☐ ☐ ☐

⑧    무 지 개 ➡ ☐ ☐ ☐

3 아래의 낱말을 적어보고 컴퓨터로 타자연습을 해보세요.

개나리 백일홍 금잔화

나팔꽃 수선화 무궁화

민들레 목련 수선화

튤립 패랭이꽃 팬지

카네이션 코스모스 국화

구절초 동백나무 진달래

게발선인장 군자란

여기에 분홍꽃, 빨간꽃, 노랑꽃이 있어요. 노랑꽃을 맨 앞으로 가져오는
방법에 대해 알아보아요.

노랑꽃을 마우스 왼쪽 버튼으로 클릭하여
선택합니다.

마우스 오른쪽 버튼을 클릭해요.

마우스 오른쪽 버튼을 클릭하면 바로가기 메
뉴가 나타납니다. 중간에 맨 앞으로 가져오기(R) 를
클릭하면 노랑꽃이 맨 앞으로 올라옵니다.

 맨 뒤로 보내기 (맨 뒤로 보내기(K))
이 옵션을 선택하면 꽃을 맨 뒤로 보낼 수 있어요.

📁 **준비파일** 7-1 준비.pptx 📂 **완성파일** 7-1 완성.pptx

마우스 드래그를 이용하여 꽃들을 이동하여 꽃바구니를 만들어 보세요.

사랑의 꽃바구니 만들기
사랑하는 엄마, 아빠께 꽃바구니를 만들어 선물해요

엄마 아빠♥
사랑해요♥

리본에 쓰고 싶은 말을
넣어보세요

사랑의 꽃바구니 만들기
사랑하는 엄마, 아빠께 꽃바구니를 만들어 선물해요

리본에 쓰고 싶은 말을
넣어보세요

엄마 아빠
사랑해요♥

과일바구니를 찾아 삽입하고, 바구니에 맛있는 과일을 담아보세요.

과일 바구니 만들기

과일 바구니 만들기

퍼즐 맞추기

키보드 익히기

1 쌍자음(왼손 윗줄 + [Shift]) 익히기

키보드에서 쌍자음을 입력할 때에는 오른손 새끼 손가락을 이용하여 [Shift] 키를 먼저 누른 상태에서 윗자음키를 눌러야 쌍자음(ㅃ, ㅉ, ㄸ, ㄲ, ㅆ)이 입력됩니다.

칸에 알맞은 쌍자음의 글쇠를 적고 칸을 채워보세요.

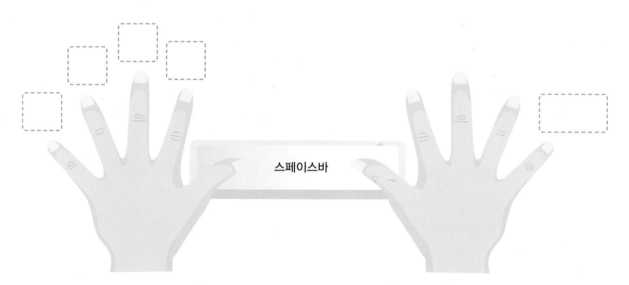

2 아래의 표에 빈칸을 채워보세요.

조합키＼자음키	ㅂ	ㅈ	ㄷ	ㄱ	ㅅ
shift		쯔		끄	

3 아래의 낱말을 바르게 풀어서 자음과 모음으로 적어보세요.

까 치 ➡ Shift + ☐ ☐ ☐ ☐

딸 기 ➡ Shift + ☐ ☐ ☐ ☐

호 빵 ➡ ☐ ☐ Shift + ☐ ☐ ☐

씨 앗 ➡ Shift + ☐ ☐ ☐ ☐

땅 거 미 ➡ Shift + ☐ ☐ ☐ ☐ ☐ ☐ ☐

깡 통 ➡ Shift + ☐ ☐ ☐ ☐ ☐

한 쌍 ➡ ☐ ☐ ☐ Shift + ☐ ☐ ☐

4 그림과 낱말을 보고, 소리내어 읽은 후 빈 칸에 옮겨 적으세요.

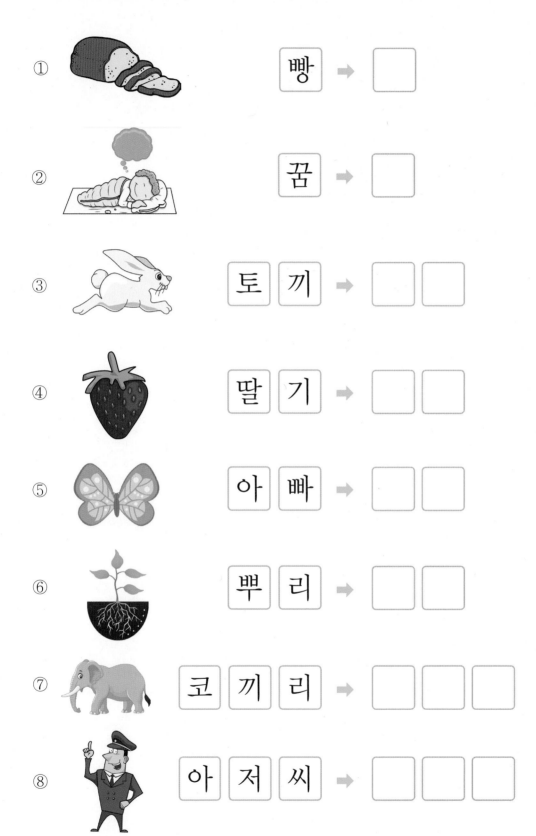

① 빵 → ☐

② 꿈 → ☐

③ 토 끼 → ☐ ☐

④ 딸 기 → ☐ ☐

⑤ 아 빠 → ☐ ☐

⑥ 뿌 리 → ☐ ☐

⑦ 코 끼 리 → ☐ ☐ ☐

⑧ 아 저 씨 → ☐ ☐ ☐

마우스 드래그를 이용하여 퍼즐 조각들을 이동하여 퍼즐을 완성하고 ○○ 안에 들어갈 주인공 이름을 적어보세요.

준비파일 8-1 준비.pptx   완성파일 8-1 완성.pptx

다음 그림의 주인공은 ○○입니다.

혼자해보기

📁 준비파일 8-2 준비.pptx   📁 완성파일 8-2 완성.pptx

01 동물 그림을 보고 울음소리를 적어보세요.

꽉꽉

꿀꿀

음메

02 동물 그림을 보고 울음소리를 적어보세요.

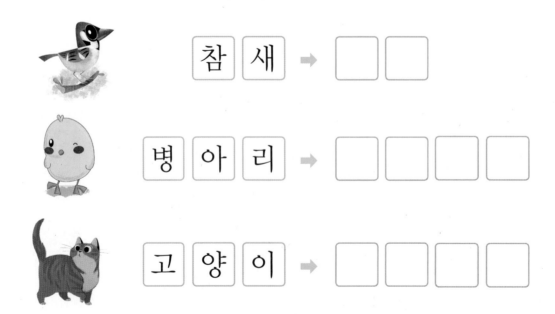

참 새 ➡ ☐ ☐

병 아 리 ➡ ☐ ☐ ☐ ☐

고 양 이 ➡ ☐ ☐ ☐ ☐

09 주사위 만들기

 01 키보드 익히기

1 아래의 낱말을 바르게 풀어서 자음과 모음으로 적어보세요.

새 싹 ➡ ☐ ☐ Shift + ☐ ☐ ☐

도 깨 비 ➡ ☐ ☐ Shift + ☐ ☐ ☐ ☐

배 꼽 ➡ ☐ ☐ Shift + ☐ ☐ ☐

추 석 ➡ ☐ ☐ ☐ ☐

꽁 치 ➡ Shift + ☐ ☐ ☐ ☐ ☐

뺄 셈 ➡ Shift + ☐ ☐ ☐ ☐ ☐ ☐

꽃 ➡ Shift + ☐ ☐ ☐

2 그림과 낱말을 보고, 소리내어 읽은 후 빈 칸에 옮겨 적으세요.

①  우 리 ➡ ☐ ☐

②  하 나 ➡ ☐ ☐

③  친 구 ➡ ☐ ☐

④  학 교 ➡ ☐ ☐

⑤  정 다 운 ➡ ☐ ☐ ☐

⑥  고 마 운 ➡ ☐ ☐ ☐

⑦  즐 거 운 ➡ ☐ ☐ ☐

⑧  모 두 ➡ ☐ ☐

3 아래의 낱말을 적어보고 컴퓨터로 타자연습을 해보세요.

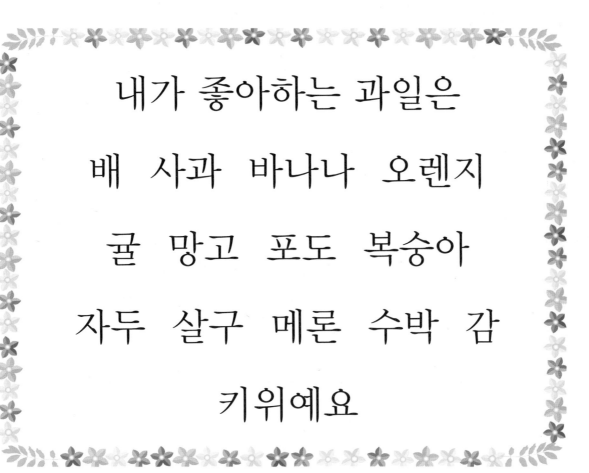

내가 좋아하는 과일은

배 사과 바나나 오렌지

귤 망고 포도 복숭아

자두 살구 메론 수박 감

키위예요

 온라인 그림 삽입하기

01 파워포인트를 실행하고 [삽입] 탭 – [이미지] 그룹에서 [온라인 그림]을 클릭합니다.

02 [그림 삽입] 대화상자에서 'Bing 이미지 검색'에 '꽃'을 입력하고 [검색]단추를 선택하면, 꽃에 대한 그림을 찾아줍니다.

03 여러 가지 꽃 중에서 원하는 그림을 삽입하고 크기를 조정해주면 됩니다.

준비파일 9-1 준비.pptx   완성파일 9-1 완성.pptx

마우스 드래그를 이용하여 온라인 그림을 이동하고 크기를 변경하여 나만의 주사위를 만들어 보세요.

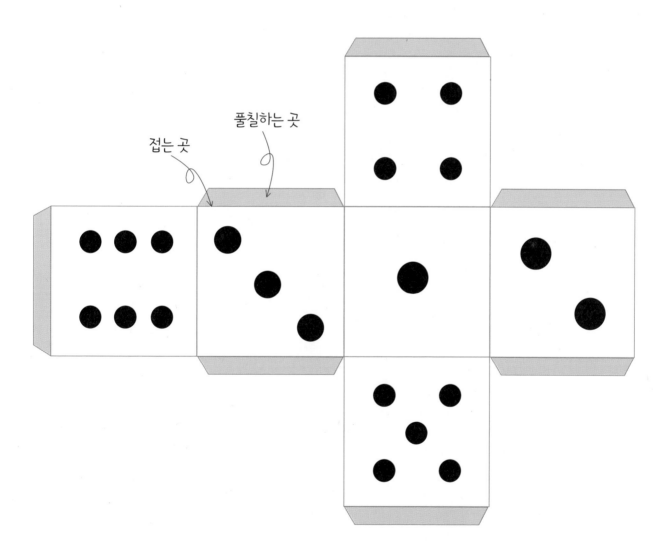

접는 곳

풀칠하는 곳

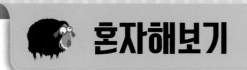

혼자해보기

준비파일 9-2 준비.pptx 완성파일 9-2 완성.pptx

나만의 선물 상자를 만들어 보세요.

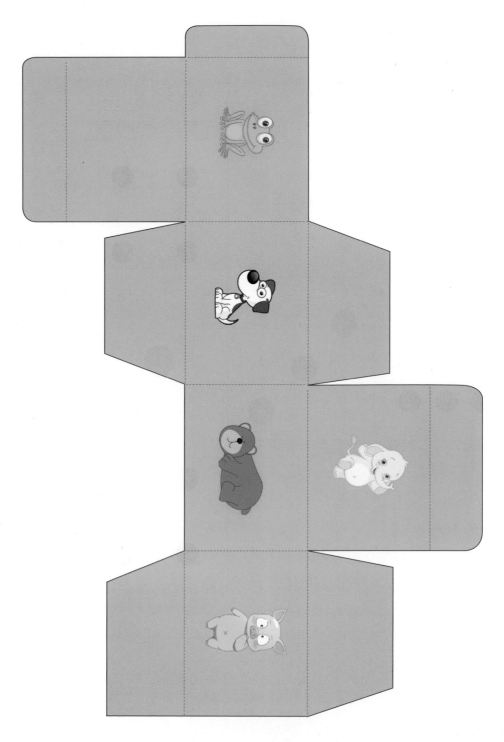

10단원 섬 만들기

따라하기 01 키보드 익히기

1 쌍모음(오른손 윗줄 + Shift) 익히기

키보드에서 쌍모음을 입력할 때에는 왼손 새끼 손가락을 이용하여 Shift 키를 먼저 누른 상태에서 윗모음키를 눌러야 쌍모음(ㅐ, ㅖ)이 입력됩니다.

Shift **+** ㅐ ㅖ

    칸에 알맞은 쌍모음 글쇠를 적고 칸을 채워보세요.

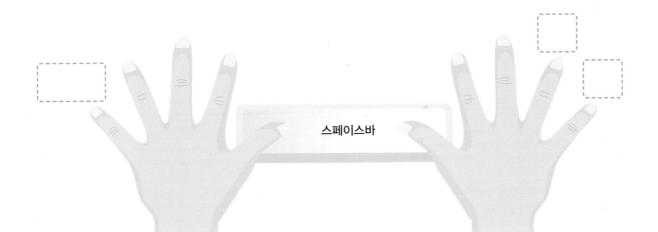

2 아래의 표에 빈칸을 채워보세요.

조합키 \ 모음키	ㅐ	ㅔ
shift		

3 아래의 낱말을 바르게 풀어서 자음과 모음으로 적어보세요.

옛 날 ➡ ☐ Shift + ☐ ☐ ☐ ☐ ☐

계 절 ➡ ☐ Shift + ☐ ☐ ☐ ☐

차 레 ➡ ☐ ☐ ☐ Shift + ☐

애 기 ➡ ☐ Shift + ☐ ☐ ☐

지 혜 ➡ ☐ ☐ ☐ Shift + ☐

4 그림과 낱말을 보고, 소리내어 읽은 후 빈 칸에 옮겨 적으세요.

① 폐 → ☐

②  애 → ☐

③  예 의 → ☐ ☐

④ 차 례 → ☐ ☐

⑤ 지 혜 → ☐ ☐

⑥ 시 계 → ☐ ☐

⑦  계 절 → ☐ ☐

⑧  애 들 아 → ☐ ☐ ☐

미션수행하기

준비파일 10-1 준비.pptx   완성파일 10-1 완성.pptx

마우스 드래그를 이용하여 나의 섬을 완성해 보세요.

📁 준비파일 10-2 준비.pptx   📁 완성파일 10-2 완성.pptx

바다를 꾸며보면서 이야기를 만들어 보세요.

바다이야기

11 단원 동물농장 만들기

 01 키보드 익히기

1 아래의 낱말을 적어보고 컴퓨터로 타자연습을 해보세요.

> 강아지 고양이 토끼
>
> 햄스터 거북이 금붕어
>
> 소라게 돼지
>
> 고슴도치 앵무새 사슴벌레

2 그림과 낱말을 보고, 소리내어 읽은 후 빈 칸에 옮겨 적으세요.

① 금 강 산 ➡ ☐ ☐ ☐

② 도 라 지 ➡ ☐ ☐ ☐

③ 날 짜 ➡ ☐ ☐

④ 무 덤 ➡ ☐ ☐

⑤ 골 짜 기 ➡ ☐ ☐ ☐

따라하기 02 인터넷 알아보기

인터넷은 전 세계에 있는 수많은 컴퓨터를 서로 연결하여 놓은 것입니다. 그래서 컴퓨터가 인터넷에 연결되어 있으면 전 세계를 여행할 수 있어요. 그러면 인터넷에서 우리가 가고 싶은 곳은 어떻게 찾을 수 있을까요? 그것은 집마다 주소가 있듯이 인터넷에도 주소가 있기 때문에 쉽게 찾을 수 있답니다.

1 인터넷 실행하고 종료하기

01 인터넷 익스플로러를 실행하기 위해 [바탕화면]에서 인터넷 아이콘을 더블클릭합니다.

02 시작페이지가 나타나면 주니어네이버 사이트에 접속하기 위해 검색창에 "쥬니어네이버"를 입력하고 Enter 키를 누릅니다.

03 계속해서 "쥬니어네이버"에 대한 검색 결과가 나타나면 [쥬니어네이버]를 클릭합니다.

03 정보검색이란?

⭐ 정보(Information) : 문제에 도움이 될 수 있는 형태로 정리한 지식과 자료입니다.

⭐ 정보검색(Information Retrieval) : 필요한 정보나 데이터를 더욱 신속하고 정확하게 찾아내는 것입니다.

⭐ 검색엔진 : 인터넷상에서 흩어져 있는 자료들 가운데 원하는 정보를 쉽게 찾을 수 있도록 도와주는 소프트웨어입니다.

Daum
Google
NAVER

1 인터넷 정보검색하기

01 인터넷 익스플로러를 실행하기 위해 [바탕화면]에서 인터넷 아이콘을 더블클릭합니다. 그리고 '강아지'를 검색하고 원하는 이미지를 선택합니다.

02 [시작] – [보조 프로그램] – [캡처 도구]를 선택하고 [캡처 도구] 대화 상자에서 [새로 만들기]를 클릭합니다.

03 강아지 그림에서 캡처할 영역 드래그한 후, [복사]를 클릭합니다.

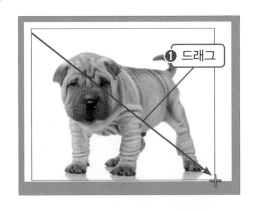

04 파워포인트를 실행하고 [붙여넣기]를 합니다.

준비파일 11-1 준비.pptx 완성파일 11-1 완성.pptx

필요한 그림을 인터넷 검색을 통해 찾고 캡처도구로 복사하여 동물 농장을 만들어 보세요.

동물농장 만들기

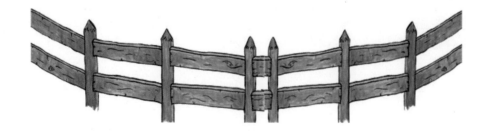

준비파일 11-2 준비.pptx 완성파일 11-2 완성.pptx

울타리 안에 같이 살게 하고 싶은 동물이나 식물을 넣어 꾸며보세요.

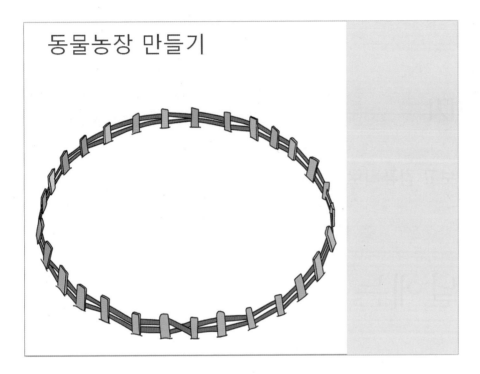

동물농장 만들기

한 울타리 만들기

울타리안에 같이 살게 하고 싶은 동물이나 식물을 넣어보아요

12 단원 케이크 만들기

 01 키보드 익히기

1 아래의 낱말을 적어보고 컴퓨터로 타자연습을 해보세요.

> # 생일날에는 무엇을 먹을까?
>
> ## 미역국   불고기   잡채
>
> ## 치킨   피자   빵   갈비
>
> ## 호떡   김   핫도그   김밥
>
> ## 어묵   호두과자

2 ☐ 안의 틀리게 쓴 낱말을 찾아, 오른쪽 빈 칸에 바르게 고쳐 쓰세요.

① 스 왜 터 가 예쁘네. ➡ ☐ ☐ ☐ 가 예쁘네.

② 왜 이 터 가 되다. ➡ ☐ ☐ ☐ 가 되다.

③ 기 홰 를 주세요. ➡ ☐ ☐ 를 주세요.

④ 지구의 괴 도 위로 ➡ 지구의 ☐ ☐ 위로

⑤ 좨 를 아 뤠 다. ➡ ☐ 를 ☐ ☐ ☐.

⑥ 왜 래 어 쓰지 마세요. ➡ ☐ ☐ ☐ 쓰지 마세요.

⑦ 자연을 회 손 하 다. ➡ 자연을 ☐ ☐ ☐ ☐.

⑧ 되 지 고기와 쇄 고기 ➡ ☐ ☐ 고기와 ☐ 고기

⑨ 훼 초 리 를 가져 오너라 ➡ ☐ ☐ ☐ 를 가져 오너라

⑩ 화가가 돼 고 십 다. ➡ 화가가 ☐ ☐ ☐ ☐.

미션수행하기

준비파일 12-1 준비.pptx   완성파일 12-1 완성.pptx

마우스 드래그를 이용하여 온라인 그림을 삽입하고 크기를 변경하여 나만의 케이크를 만들고, 케이크와 먹고 싶은 맛있는 음식을 캡처해 넣어 보세요.

나만의 케이크 만들기

나만의 케이크 만들기

내가 먹고 싶은 음료도 캡처하여 삽입하고 꾸며 보세요.

나만의 케이크 만들기

13 단원 바탕화면 바꾸기

따라하기 01 키보드 익히기

1 ☐ 칸에 알맞은 검지자리의 글쇠를 적고 칸을 채워보세요.

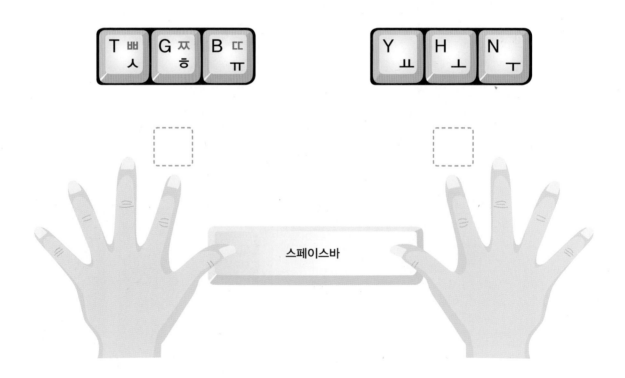

스페이스바

2 아래의 표에 빈칸을 채워보세요.

자음키＼모음키	ㅠ	ㅗ	ㅛ	ㅜ
ㅅ	슈		쇼	
ㅎ		호		후

3 아래의 낱말을 바르게 풀어서 자음과 모음으로 적어보세요.

슈 크 림 ➡ ☐ ☐ ☐ ☐ ☐ ☐ ☐

호 수 ➡ ☐ ☐ ☐ ☐

오 후 ➡ ☐ ☐ ☐ ☐

숫 골 인 ➡ ☐ ☐ ☐ ☐ ☐ ☐ ☐ ☐

호 랑 이 ➡ ☐ ☐ ☐ ☐ ☐ ☐

휴 지 ➡ ☐ ☐ ☐

슈 퍼 맨 ➡ ☐ ☐ ☐ ☐ ☐ ☐ ☐

4 그림과 낱말을 보고, 소리내어 읽은 후 빈 칸에 옮겨 적으세요.

①  소 ➡ ☐

②  수 박 ➡ ☐ ☐

③  허 리 ➡ ☐ ☐

④  휴 가 ➡ ☐ ☐

⑤  다 리 ➡ ☐ ☐

⑥  호 박 ➡ ☐ ☐

⑦  달 리 기 ➡ ☐ ☐ ☐

⑧  선 생 님 ➡ ☐ ☐ ☐

01  인터넷 익스플로러를 실행하여 검색 입력란에 좋아하는 캐릭터 이름을 입력한 후, [검색]을 클릭합니다. 검색이 되면 [이미지]를 클릭합니다.

02 키보드에서 [윈도우]키를 누른 다음-[windows 보조 프로그램]-[캡처 도구]를 선택하고 [캡처 도구] 대화상자에서 [새로 만들기]를 클릭합니다.

03 그림에서 캡처할 영역 드래그한 후, [저장]을 클릭합니다.

04 저장한 파일에서 마우스 오른쪽 단추를 클릭하고 [바탕 화면 배경으로 설정]을 선택합니다.

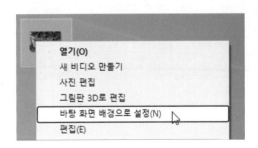

미션수행하기

준비파일 이미지

필요한 그림을 인터넷 검색을 통해 찾고 캡처도구를 이용하여 저장한 후, 배경 화면을 바꾸어 보세요.

▲ 봄

▲ 여름

▲ 가을

▲ 겨울

내가 좋아하는 캐릭터를 캡쳐하여 바탕화면으로 바꾸어 보세요.

14 단원 부채 만들기

01 키보드 익히기

1 🔲 칸에 알맞은 왼손 아랫줄과 오른손 아랫줄의 글쇠를 적고 칸을 채워보세요.

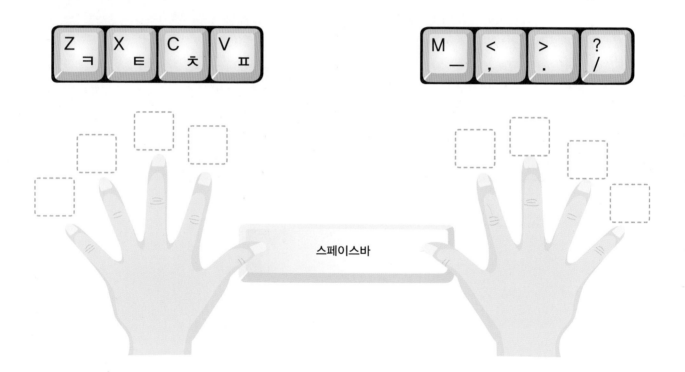

2 아래의 표에 빈칸을 채워보세요.

자음키 \ 모음키	ㅋ	ㅌ	ㅊ	ㅍ
ㅡ		ㅌ	ㅊ	

3 아래의 낱말을 바르게 풀어서 자음과 모음으로 적어보세요.

컴 퓨 터 → ☐ ☐ ☐ ☐ ☐ ☐ ☐

카 스 테 라 → ☐ ☐ ☐ ☐ ☐ ☐ ☐ ☐

치 타 → ☐ ☐ ☐ ☐

팝 콘 → ☐ ☐ ☐ ☐ ☐ ☐

카 드 → ☐ ☐ ☐ ☐

코 알 라 → ☐ ☐ ☐ ☐ ☐ ☐ ☐

카 멜 레 온 →

☐ ☐ ☐ ☐ ☐ ☐ ☐ ☐ ☐ ☐ ☐

4 그림과 낱말을 보고, 소리내어 읽은 후 빈 칸에 옮겨 적으세요.

① 파 ➡ ☐

② 자 동 차 ➡ ☐ ☐ ☐

③ 포 도 ➡ ☐ ☐

④ 감 자 ➡ ☐ ☐

⑤ 소 풍 ➡ ☐ ☐

⑥ 연 필 ➡ ☐ ☐

⑦ 피 아 노 ➡ ☐ ☐ ☐

⑧ 고 구 마 ➡ ☐ ☐ ☐

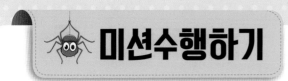

준비파일 14-1 준비.pptx   완성파일 14-1 완성.pptx

필요한 그림을 인터넷 검색을 통해 찾고, 캡처도구를 이용하여 복사한 후 부채를 만들어 보세요.

부채 만들기

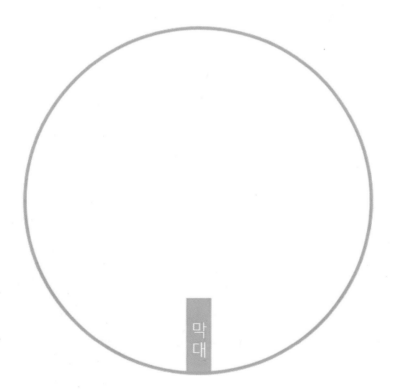

준비파일 14-2 준비.pptx   완성파일 14-2 완성.pptx

먹고 싶은 아이스크림을 인터넷 검색을 통해 찾고 캡처도구로 복사하여 넣어보세요.

먹고 싶어요 아이스크림

15 단원 마을 만들기와 지도찾기

 01 키보드 익히기

1 아래의 낱말을 적어보고 컴퓨터로 타자연습을 해보세요.

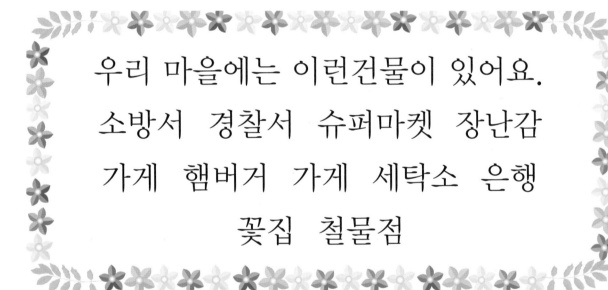

우리 마을에는 이런건물이 있어요.
소방서 경찰서 슈퍼마켓 장난감
가게 햄버거 가게 세탁소 은행
꽃집 철물점

2 문제를 읽고, 알맞은 답에 O표 한 뒤, 빈 칸에 낱말을 적어보세요.

하늘을 날아다니는 빠른 이동 수단은?

① 비행기   ② 비헹기

➡ ☐☐☐

몸을 움직여서 행동하는 것을 무엇이라고 하나요?

① 생할   ② 생활

➡ ☐☐

음식을 끓일 때 쓰는 도구는?
① 냄비　　　　　② 넴비　　　　　➡ ☐☐

느낌이 시원하고 산뜻한 것을 무엇이라고 하나요?
① 상쾨하다　　　② 상쾌하다　　　➡ ☐☐하다

잘못을 깨닫고 뉘위치는 것을 뜻하는 말은?
① 후회　　　　　② 후홰　　　　　➡ ☐☐

자동차를 굴러가게 하는 것은 무엇이라고 하나요?
① 바키　　　　　② 바퀴　　　　　➡ ☐☐

여름과 겨울에 학교를 가지 않는 기간은?
① 방학　　　　　② 밤학　　　　　➡ ☐☐

찍은 사진을 모아 두는 책을 무엇이라고 하나요?
① 사진첨　　　　② 사진첩　　　　➡ ☐☐☐

3 ☐ 안의 틀리게 쓴 낱말을 찾아, 오른쪽 빈 칸에 바르게 고쳐 쓰세요.

① 학생의 [셍][김][새]　　➡ 학생의 ☐☐☐

② [옹][달][셈] 물을 마시고,　➡ ☐☐☐ 물을 마시고,

③ 요술 [림][프]를 활용해라.　➡ 요술 ☐☐를 활용해라.

④ [동][하][책] 한 권　　➡ ☐☐☐ 한 권

⑤ 헵 쌀 과 맵 쌀 ➡ ☐ ☐ 과 ☐ ☐

⑥ 무 니 가 히 미 하다. ➡ ☐ ☐ 가 ☐ ☐ 하다.

⑦ 에 벌 래 가 꿈틀거려요. ➡ ☐ ☐ ☐ 가 꿈틀거려요.

⑧ 칭 구 가 깜짝 놀라서 ➡ ☐ ☐ 가 깜짝 놀라서

⑨ 콤 나 물 요리를 하고서 ➡ ☐ ☐ ☐ 요리를 하고서

⑩ 단추 아 옵 개 ➡ 단추 ☐ ☐ 개

📁 준비파일　15-1 준비.pptx　　📁 완성파일　15-1 완성.pptx

온라인 그림 삽입 또는 캡처도구를 이용하여 우리 마을을 만들어 보세요.

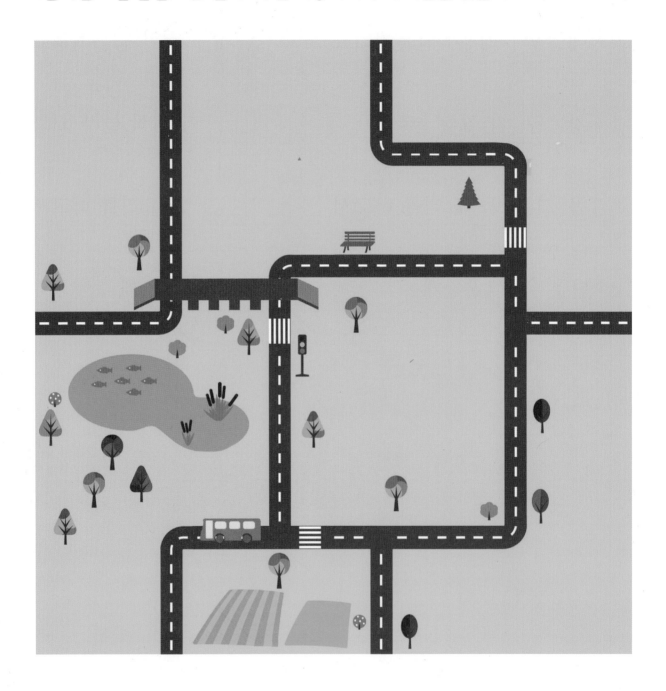

우리마을 지도 찾기 - 네이버와 구글 맵스

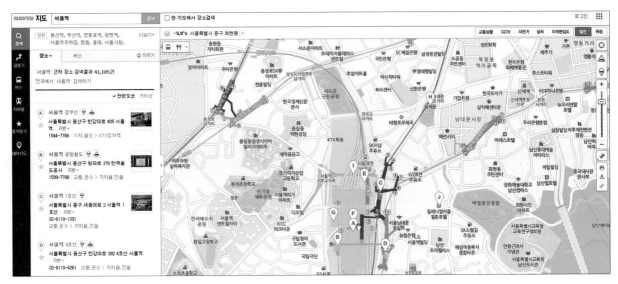

▲ 네이버 지도

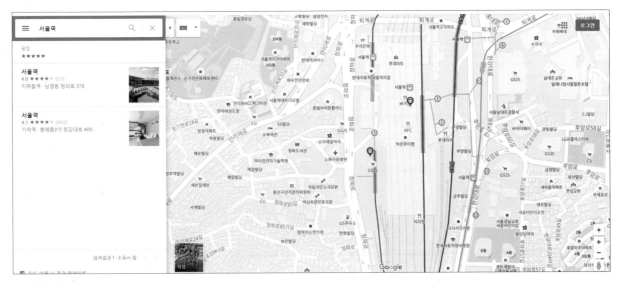

▲ 구글 맵스

📁 준비파일   15-2 준비.pptx   📁 완성파일   15-2 완성.pptx

우리 동네의 놀이터를 꾸며 보세요.

놀이터 꾸미기

16단원 편지지 만들기

 01 키보드 익히기

1 아래의 낱말을 적어보고 컴퓨터로 타자연습을 해보세요.

듣기 좋은 말

고마워   사랑해   좋아해

친하게지내자   끼가 있네

남다른 재주가 있는 것 같아

너 없으면 안돼

2 ☐ 안의 틀리게 쓴 낱말을 찾아, 오른쪽 빈 칸에 바르게 고쳐 쓰세요.

① 흥부와 재 비 다리 ➡ 흥부와 ☐ ☐ 다리

② 어머니와 해 어 지 고 ➡ 어머니와 ☐ ☐ ☐ ☐

③ 참새가 노 래 하 내 ➡ 참새가 ☐ ☐ ☐ ☐

④ 새 모 내 모 동그라미 ➡ ☐ ☐ ☐ ☐ 동그라미

⑤ 비 뉴 로 새 수 하고 ➡ ☐ ☐ 로 ☐ ☐ 하고

⑥ 꿈에 나 따 나 요 . ➡ 꿈에 ☐ ☐ ☐ ☐ .

⑦ 힘 을 합칠까 ! ➡ ☐ 을 합칠까 ☐

⑧ 참 애 쁘 다 ? ➡ 참 ☐ ☐ ☐ ☐

⑨ 엉 굴 을 보고 말해요 , ➡ ☐ ☐ 을 보고 말해요 ☐

⑩ 그 레 . 좋은 생각이야 . ➡ ☐ ☐ . 좋은 생각이야 .

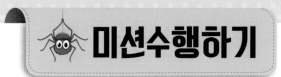

미션수행하기

준비파일 16-1 준비.pptx　완성파일 16-1 완성.pptx

나만의 편지지를 예쁘게 만들어 보세요.

편지지 만들기

이곳에 편지를 적어주세요

준비파일 16-2 준비.pptx    완성파일 16-2 완성.pptx

생일 초대장을 만들어 보세요.

01 다음 중 키보드에서 기본 자리에 포함되지 않는 키는 무엇일까요?

① ㄹ 키   ② ㅓ 키   ③ ㄷ 키   ④ ㅛ 키

02 다음 중 "뽀뽀뽀, 새싹"이라는 단어처럼 "ㅃ, ㅆ"과 같이 쌍자음을 나타내기 위해서 무엇과 함께 눌러야 하나요?

① Ctrl 키   ② Shift 키

③ Alt 키   ④ Tab 키

03 컴퓨터 기기의 이름과 알맞은 설명을 선으로 연결하여 보세요.

| 다른 컴퓨터 장치들을 조정합니다. | 내용을 선택하거나 이동합니다. | 글자나 숫자를 입력합니다. | 그림이나 글자 등을 보여줍니다. |

04 '학교'라는 글자를 입력하기 위해서는 키보드의 "ㅎ → ㅏ → ㄱ → ㄱ → ㅛ" 순으로 입력해야 합니다. 우리 컴교실 반 이름인 '어린이'을 입력하기 위해서는 어떤 순으로 입력해야 할까요?

05 글자를 적다가 틀린 글자가 있어서 지우려고 합니다. 무슨 키를 눌러야 할까요?

① Shift (시프트)　　　　　　② ← Backspace (백 스페이스)

③ Spacebar (스페이스 바)　　④ Enter (엔터)

06 마우스 왼쪽 단추를 한 번 누르는 것을 무엇이라고 할까요?

① 더블클릭　　　　　　② 드래그
③ 드래그 앤 드롭　　　④ 클릭

07 마우스 왼쪽 단추를 두 번 누르는 것을 무엇이라고 할까요?

① 더블클릭　　　　　　② 드래그
③ 드래그 앤 드롭　　　④ 클릭

08 인터넷에 들어가려면 어떤 아이콘을 더블클릭해야 할까요?

① Internet Explorer　② 휴지통　③ 내 PC　④ PowerPoint 2016

09 인터넷에서 필요한 그림을 복사해서 가져오는 것을 뜻하는 용어는?

① 복사　　② 캡처　　③ 이동　　④ 온라인 그림

10 컴퓨터로 문서를 만들 때 편리하게 이용할 수 있도록 모아놓은 여러 가지 그림을 뜻하는 용어는?

① 새 슬라이드　　　　② 그림

③ 도형　　　　　　　④ 온라인 그림

수료증

성 명 :

과 정 :

위 학생은 컴퓨터 초급과정 『컴퓨터영제만들기 Step-1』

교육과정을 성실히 이행하였으므로 이 증서를 수여합니다.

20   년   월

컴퓨터부